Historia de Estados Unidos

LOS PRIMEROS ASENTAMIENTOS DE ESTADOS UNIDOS

Escrito por Linda Thompson

Educational Media

rourkeeducationalmedia.com

www.rourkeeducationalmedia.com

PHOTO CREDITS:
Courtesy CA Department of Conservation, CA Geological Survey: page 9; Courtesy Historical Society of Pennsylvania: page 28; Courtesy Library of Congress Prints and Photographs Division: pages 5, 6, 7, 8, 9, 10, 13, 14, 15, 16, 17, 18, 19, 20, 21, 22, 24, 25, 26, 30, 32, 33, 34, 35, 37, 39; Courtesy NASA: page 28; Courtesy National Archives and Records Administration: page 40; Courtesy National Oceanic and Atmospheric Administration: page11; Courtesy National Parks Service: pages 23, 43; Courtesy Rohm Padilla: pages 4, 29, 38; Courtesy Charles Reasoner: pages 12, 27; Courtesy U.S. Fish and Wildlife Service: Title Page, page 14.

Edited by Precious McKenzie

Cover design by Nicola Stratford, bdpublishing.com

Interior layout by Tara Raymo

Translation and composition for the Spanish version by Cambridge BrickHouse, Inc.

Library of Congress PCN Data

Thompson, Linda
  America's First Settlements / Linda Thompson.
  ISBN 978-1-62169-834-0 (hard cover)
  ISBN 978-1-62169-729-9 (soft cover)
  ISBN 978-1-62169-938-5 (e-Book)
  ISBN 978-1-62169-712-1 (soft cover - spanish)
  ISBN 978-1-63155-125-3 (hard cover - spanish)
  ISBN 978-1-62169-995-8 (e-Book - spanish)
  Library of Congress Control Number: 2014941366

Also Available as:

ROURKE'S
e-Books

Rourke Educational Media
Printed in the United States of America,
North Mankato, Minnesota

Rourke

rourkeeducationalmedia.com
customerservice@rourkeeducationalmedia.com • PO Box 643328 Vero Beach, Florida 32964

Contenido

Capítulo 1
BIENVENIDOS AL NUEVO MUNDO 4

Capítulo 2
LA NUEVA FRANCIA Y LA NUEVA HOLANDA 14

Capítulo 3
JAMESTOWN Y ROANOKE 23

Capítulo 4
LA SEPARACIÓN DE LOS PURITANOS 32

Capítulo 5
SE SIEMBRAN LAS SEMILLAS DE LA DEMOCRACIA . 39

Biografías 42

Línea cronológica 44

Mapas de referencia 45

Demuestra lo que sabes/Sitios en la Internet 46

Glosario 47

Índice 48

Capítulo I

Bienvenidos al Nuevo Mundo

Solo veinte años después de independizarse, Estados Unidos duplicó su tamaño gracias a la inteligente compra del territorio de Luisiana por el presidente Thomas Jefferson. En unos 50 años, el país se extendió a través de inmensas praderas y cordilleras de altísimas montañas hasta el océano Pacífico.

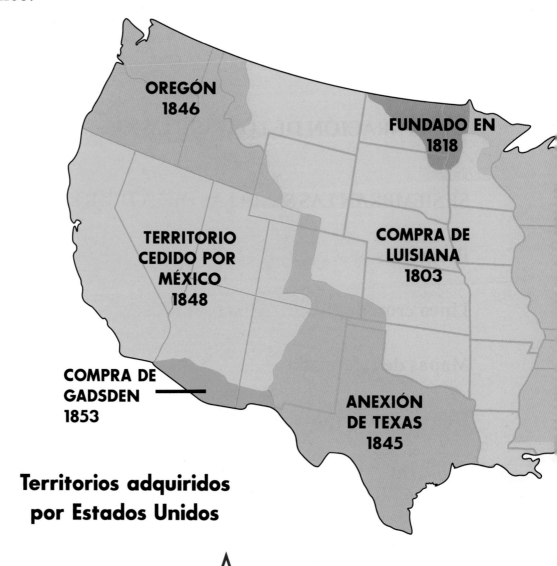

OREGÓN
1846

FUNDADO EN
1818

TERRITORIO
CEDIDO POR
MÉXICO
1848

COMPRA DE
LUISIANA
1803

COMPRA DE
GADSDEN
1853

ANEXIÓN
DE TEXAS
1845

**Territorios adquiridos
por Estados Unidos**

La manera en que Estados Unidos creció tanto en tan corto tiempo es una historia increíble. Pero la expansión que tuvo lugar después de la Guerra de Independencia fue únicamente la lógica continuación del movimiento hacia el oeste que habían empezado los europeos en 1492, con Cristóbal Colón. Antes de esa fecha, habían llegado extranjeros a las Américas, pero no traían pobladores. Los viajes de Colón fueron un hito en la historia americana porque, finalmente, con ellos vinieron enormes **muchedumbres** del extranjero. Cuando los líderes religiosos y políticos decidían que valía la pena colonizar una región, empezaban a llegar familias.

DOS UNIDOS
NTES DE
1803

TERRITORIO
— CEDIDO
POR ESPAÑA
1819

Cristóbal Colón (1451-1506)

LOS VIKINGOS

Más de 500 años antes de Colón, marineros nórdicos (escandinavos) llamados **vikingos** ya habían navegado las costas de Norteamérica. Uno de ellos, Leif Eriksson, desembarcó en el año 1000 en la costa

de lo que es probablemente Terranova y la llamó "Vinland" (tierra de parras). Los que lo siguieron, intentaron vivir allí, pero después de pocos años se dieron por vencidos por los conflictos constantes con los nativos americanos.

Leif Eriksson divisa el Nuevo Mundo.

Sin embargo, los primeros exploradores europeos del "Nuevo Mundo" no buscaban lugares nuevos para habitar. Los marineros que llegaron de España, Francia, Inglaterra, Portugal y de otros países, buscaban una ruta marítima hacia el Oriente. India, China, Indonesia (las Islas de las especias) y sus vecinos, producían mercancías muy deseables como seda, joyas y especias. El aventurero italiano, Marco Polo había ayudado a introducir estas mercaderías a Europa en el siglo XIII. Pero en las rutas que conducían al este, recorridas por primera vez por Marco Polo, se encontraban fuerzas hostiles o estaban controladas por grupos que exigían altos impuestos.

Por primera vez, los europeos estaban construyendo barcos suficientemente grandes y capaces de navegar en las aguas desconocidas del oeste. Cristóbal Colón, un italiano bajo la corona de España, fue uno de los primeros exploradores que intentó llegar al Oriente navegando hacia el oeste. Tocó tierra firme en las actuales Bahamas en 1492. Creyendo que había llegado a la India, le llamó "indios" a la **gente nativa** con quien se encontró. Colón hizo otros viajes, el último entre 1502 y 1503, y visitó la isla actual de la **Española**, Cuba (que creyó que era Japón) y Jamaica. Murió en 1506, aún en la creencia de que había alcanzado el Lejano Oriente.

Tras diez largas semanas en el mar, Cristóbal Colón llega a América en 1492.

Una de las metas de Colón era encontrar metales preciosos, porque la reina de España le había prometido el 10 por ciento de todo lo que pudiera llevar. Algunos de los nativos que encontró llevaban adornos de oro en las orejas y los marineros vieron pequeñas cantidades de oro en ríos de la Española. Cuando regresó a España, Colón exageró escribiendo que había visto "…muchos ríos anchos en los que había oro". En su siguiente viaje, al no encontrar oro, tomó muchos nativos americanos como esclavos. Mandó algunos por barco a España, pero no sobrevivieron el viaje.

El viaje de Colón fue un encuentro con amistosos nativos que les ofrecían regalos a los recién llegados.

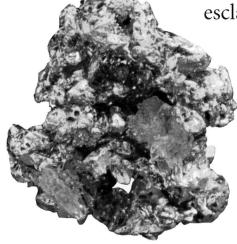

Los españoles obligaron a cientos de esclavos a trabajar en las minas de la Española (donde encontraron poco oro después de mucho cavar) o en los campos. Los españoles eran amos brutales y en el término de dos años quedaba solo la mitad de una población de aproximadamente 250,000 nativos.

Pepita de oro

PONCE DE LEÓN DESCUBRE NORTEAMÉRICA CONTINENTAL

El primer europeo en ver el continente de Norteamérica fue el explorador español **Juan Ponce de León**, el 27 de marzo de 1513. Le puso al lugar "la Florida", o "Tierra de las flores". Durante los siguientes 50 años, España intentó, sin éxito, establecer una colonia en la Florida.

Juan Ponce de León (1474-1521)

Esta historia se repitió una y otra vez durante los siguientes 50 años, durante los cuales España conquistó México, Perú y América Central, y Portugal conquistó Brasil. Principalmente, lo que querían los invasores era encontrar oro y convertir a los nativos americanos al cristianismo. Desgraciadamente, cada desembarco de europeos, después de Colón, resultó en graves daños para los millones de nativos de América.

SAN AGUSTÍN

El asentamiento permanente de europeos más antiguo en Estados Unidos es San Agustín, Florida, fundado en 1565. El rey de España, Felipe II, envió al almirante Pedro Menéndez de Avilés a construir un fuerte en las costas de la Florida para prevenir la entrada de los franceses. Luego construyó un poblado donde por 200 años habitaron

españoles, nativos americanos, africanos y mestizos. En 1763, España le cambió la Florida por Cuba a Inglaterra, y San Agustín pasó a ser entonces colonia inglesa.

Ruinas del fuerte de San Agustín, Florida

Explorador español informando a los nativos que son súbditos del rey y que deben convertirse al cristianismo

En Europa, a principios del siglo XVI, España, Portugal, Inglaterra, Francia y los Países Bajos (Holanda) tenían potentes fuerzas navales. La carrera para colonizar el Nuevo Mundo y obtener sus tesoros se intensificó rápidamente. Los ingleses le pusieron alto al domino español del océano Atlántico en 1588, cuando derrotaron a la "Armada Invencible" o flota de buques de guerra española. De allí en adelante, los barcos de otros países pudieron navegar libremente y la colonización de lo que hoy se conoce como Estados Unidos pudo comenzar **seriamente**. Como resultado, aumentó el número de territorios coloniales con nombres como "Nueva Inglaterra", "Nueva Amsterdam" y "Nueva Francia" a lo largo de todo el Nuevo Mundo.

Barcos de la armada española

Caboto fue la primera persona en poner un pie en Canadá (o Maine) por los ingleses. Le dio a la gente la posibilidad de ver el mundo de una manera diferente, y encontró nuevas formas de viajar por todo el mundo.

CABOTO RECLAMA CANADÁ PARA INGLATERRA

En 1497, el explorador italiano Giovanni Caboto navegó a lo largo de la costa de Canadá. Conocido por los ingleses como John Cabot, buscaba una ruta de comercio hacia el Oriente para el rey Enrique II de Inglaterra. Durante el siguiente año, Caboto exploró la costa Atlántica desde la isla Baffin, en Canadá, hasta Maryland. Con estos viajes, Inglaterra pudo reclamar como suyo el noroeste de Norteamérica.

Capítulo 2

Nueva Francia y Nueva Holanda

Las nutrias de río eran una fuente primaria de pieles.

Gradualmente, las naciones que navegaban los mares se dieron cuenta de que Colón no había llegado al Oriente, pero esto no resultó tan decepcionante debido a dos razones. En primer lugar, corrían rumores de los enormes tesoros de oro y plata que los barcos españoles traían de las **Antillas Occidentales** y segundo, los exploradores relataban que la pesca en las aguas frente a la costa de Norteamérica ¡era excelente!

La flota de Jacques Cartier en el río San Lorenzo, Canadá

Los aventureros del siglo XVI continuaron la búsqueda del legendario "gran río" de Norteamérica que serviría como atajo al Lejano Oriente. En 1524 Francia mandó al navegante italiano, Giovanni da Verrazano, a explorar las costas desde Terranova, en Canadá, hasta Carolina del Norte. Esto le dio a Francia la oportunidad de reclamar ese territorio. Años después, Jacques Cartier navegó río arriba por el río San Lorenzo hasta lo que es hoy Québec y Montreal. En ese entonces, Francia se interesaba principalmente en el pescado seco y en las pieles y cueros de animales. No intentó establecer colonias, pero mandó flotas de barcos pesqueros a las aguas frente a la costa de Canadá. Ya a principios del siglo XVII, Francia había desarrollado un comercio de pieles muy lucrativo.

En 1534 Jacques Cartier fue muy bien recibido por los nativos iroqueses y se enteró que dos ríos conducían más hacia el oeste, a tierras donde abundaban el oro, la plata, el cobre y las especias.

Samuel de Champlain (1574-1635)

En 1608, el navegante francés Samuel de Champlain estableció un punto de comercio en Québec, el primer asentamiento permanente en Canadá. Solo 9 de los 32 colonos originales sobrevivieron el riguroso invierno, pero el siguiente verano llegaron más pobladores. Champlain exploró gran parte de la costa oriental. Navegó hacia el sur hasta Cape Cod. Entre 1613 y 1615, navegó el río San Lorenzo hacia el norte, hasta llegar a los lagos Hurón y Ontario.

Champlain, considerado como el "padre de la Nueva Francia," desanimaba a los colonos granjeros, pero daba la bienvenida a los misioneros para que ayudaran a convertir al cristianismo a los nativos aliados. En unas cuantas décadas, ya había una docena de misiones en los campos de la Nueva Francia.

A finales del siglo XVII, René-Robert Cavelier también había reclamado la cuenca entera del río Mississippi y el futuro sitio de Nueva Orleans, Luisiana, para Francia. Pero la escasa población de la Nueva Francia y su empeño en la caza y la pesca, en lugar de la agricultura y la manufactura de mercaderías, hizo que Francia jamás pudiera hacer uso del gran río para transporte comercial o defenderlo cuando fuera necesario.

La Ciudad de Nueva York, la actual ciudad más poblada en Estados Unidos, fue originalmente ¡un asentamiento holandés! En 1610, el navegante inglés, **Henry Hudson**, que trabajaba para la Compañía Holandesa de las Indias Orientales, llegó a la desembocadura de un río que más tarde llevaría su nombre, el río Hudson. Él viajó hacia el norte hasta llegar a lo que es hoy Albany, Nueva York, y reclamó la cuenca entera del río Hudson para los holandeses. En 1614, la Compañía Nuevos Países Bajos de Amsterdam construyó el primer asentamiento holandés, un punto de comercio pequeño llamado Fort Nassau, en una isla del río Hudson. Este fue abandonado en 1617 porque se inundaba con frecuencia. A los pocos años, se construyó Fort Orange (hoy Albany) en el lado oeste del río. A igual que los franceses, los holandeses se dedicaron más al comercio de pieles y menos a la agricultura.

En 1609, los barcos de Henry Hudson entraron a puerto y exploraron el tramo de río que ahora lleva su nombre.

EL COMERCIO DE ESCLAVOS DE HOLANDA

Los holandeses trajeron el primer barco negrero al continente de Norteamérica, el cual atracó en Jamestown, en 1619. Al principio, los negros africanos aparecían en las listas como "sirvientes", pero estos fueron comprados, vendidos y tratados como esclavos. Desde 1500 hasta 1800, 12 millones de esclavos africanos fueron traídos al Nuevo Mundo, pero solo medio millón llegó a las colonias norteamericanas. A unos seis millones los mandaron a América Central y a Suramérica y otros cinco millones fueron a las Antillas Occidentales.

Cautivos de una aldea africana destinados a la esclavitud después de llegar al Nuevo Mundo

La Compañía Holandesa de las Indias Orientales había tenido buen comercio con Indonesia y otros países del Lejano Oriente. Holanda formó la Compañía Holandesa de las Indias Occidentales en 1621 para negociar con África y Norteamérica. Mandó a 30 familias holandesas a la bahía de Hudson en 1626, que se asentaron en lo que es hoy la isla de Manhattan. Este poblado, el Fuerte Amsterdam, llegaría a ser la capital de la colonia holandesa. Ya en 1630 vivían allí cerca de 300 personas.

Holandeses ofreciendo mercancías a nativos

En 1626, un funcionario de la Compañía Holandesa de las Indias Occidentales, Peter Minuit, llegó para administrar la colonia que estaba luchando por sobrevivir. En uno de los negocios más ventajosos de la historia, intercambió telas, ollas, hachas y otras mercancías, con un valor de 60 florines a un grupo de nativos delaware por la Isla de Manhattan, ¡34 mi² (88 km²) de valioso terreno! Aunque en ese tiempo no existía el dólar americano, se dice con frecuencia que el precio equivaldría a unos 24 dólares. Los nativos americanos que "vendieron" Manhattan vivían en otra parte y como no conocían los conceptos de compra y venta de terreno, podían haber pensado que vendían solo el derecho a cazar. De todas maneras, los holandeses se quedaron con Manhattan y la nombraron "Nueva Amsterdam".

WALL STREET

Peter Stuyvesant trató de prevenir la inevitable invasión de los ingleses a Nueva Amsterdam, en 1653. La ciudad estaba en la parte sur de la isla y los holandeses decidieron levantar un muro de un lado al otro de la parte norte. Hecho de troncos, el muro medía 12 pies (3.6 metros) de altura y se extendía media milla a través de la isla. Ese año no llegó el ataque inglés, pero el muro quedó y a una calle cercana se le dio el nombre de Wall Street (calle del muro). La primera oficina de bolsa, ubicada en el número 22 de Wall Street, abrió sus puertas en 1729. El nombre de la calle tomó un significado que es aún hoy reconocido en todo el mundo.

Wall Street en Nueva York en 1847

Al crecer los asentamientos, los nativos americanos se convirtieron en un estorbo para los holandeses, quienes emprendieron campañas brutales en su contra. El resentimiento contra los holandeses creció cuando tomaron el Fuerte Cristina (cerca

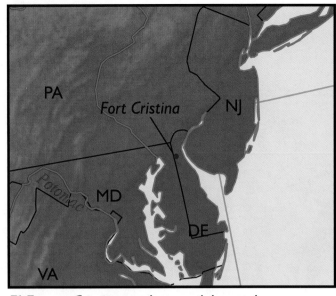

El Fuerte Cristina está cerca del actual Wilmington, Delaware.

del actual Wilmington, Delaware), una colonia sueca de unas 500 personas que se había establecido en 1638. Peter Stuyvesant, el nuevo dirigente holandés, consideraba a "Nueva Suecia" una amenaza para el comercio y **anexó** la colonia sin resistencia alguna en 1655. Pero en menos de 10 años, la situación había cambiado. Stuyvesant se vio obligado a entregar Nueva Holanda a los ingleses junto con sus 9,000 colonos.

Inglaterra tenía muchas razones para declararle la guerra a Holanda, entre ellas, los intereses coloniales y la competencia por los esclavos africanos y el marfil. Los dos países estaban ansiosos por dominar los mares, junto con el tesoro que por entonces estaba llegando en grandes cantidades a Europa, desde tierras lejanas. Charles II, rey de Inglaterra, decidió darle Nueva Holanda como regalo a su hermano menor, James Stuart, el Duque de York, quien solo tenía 30 años. Lo único que tenía que hacer el rey Charles era ir por ella.

Penn quería que la tierra fuera un lugar donde las personas de diferentes lenguas y costumbres pudieran vivir juntas.

Charles II mandó cuatro **fragatas** a Nueva Amsterdam y Stuyvesant se rindió sin lucha alguna, ya que no tenía fuerza naval y Holanda ni se presentó a defender la colonia. El regalo de Charles a su hermano constaba del actual estado de Nueva York y parte de los estados de Maine, Connecticut, Pennsylvania, Nueva Jersey y Delaware. La colonia pasó a manos inglesas y, tanto a Nueva Amsterdam como a toda la provincia, le dieron el nombre de Nueva York. El duque les dio Nueva Jersey a dos de sus amigos. Después, le dio a otro poblador joven, William Penn, una gran extensión de terreno, que llegó a ser el estado de Pennsylvania.

Capítulo 3

Jamestown y Roanoke

A principios del siglo XVII, algunos escritores y promotores trataron de incitar a la gente para que viajara a Norteamérica. Este poema a "Virginia", por Michael Drayton, fue publicado extensamente:

Virginia, único paraíso de la Tierra
donde la naturaleza tiene reservados aves, venados y peces,
y el más fecundo suelo, que sin tu esfuerzo,
rinde otras tres cosechas, todas más allá de tus deseos,
y corona la ambiciosa parra con su masa morada,
y el cedro, el ciprés y el útil sasafrás,
alcanzan a besar el cielo.

Texto original en inglés:

You brave heroic minds,
Worthy your country's name,
That honour still pursue,
Go and subdue!
Whilst loit'ring hinds
Lurk here at home with shame.
Britons, you stay too long;
Quickly aboard bestow you,
And with a merry gale
Swell your stretch'd sail,
With vows as strong
As the winds that blow you!

Your course securely steer,
West and by south forth keep;
Rocks, lee-shores, nor shoals,
When AEolus scowls,
You need not fear,
So absolute the deep.

And cheerfully at sea
Success you still entice
To get the pearl and gold,
And ours to hold
Virginia,
Earth's only paradise!

Where nature hath in store
Fowl, venison, and fish,
And the fruitful'st soil,
Without your toil,
Three harvests more,
All greater than your wish.

And the ambitious vine
Crowns with his purple mass,
The cedar reaching high
To kiss the sky,
The cypress, pine,
And useful sassafras;

To whose the golden age
Still nature's laws doth give;
No other cares that tend
But them to defend
From winter's age,
That long there doth not live.

When as the luscious smell
Of that delicious land,
Above the seas that flows,
The clear wind throws,
Your hearts to swell
Approaching the dear strand.

In kenning of the shore,
Thanks to God first given,
O you, the happiest men,
Be frolic then!
Let cannons roar
Frighting the wide heaven.

And in regions far
Such heroes bring ye forth,
As those from whom we came;
And plant our name
Under that star
Not known unto our north.

And, as there plenty grows
Of laurel everywhere,
Apollo's sacred tree,
You may it see
A poet's brows
To crown, that may sing there.

Thy voyages attend,
Industrious Hakluyt,
Whose reading shall enflame
Men to seek fame,
And much commend
To after-times thy wit.

Pobladores ingleses zarpando hacia América

Por supuesto, la realidad del Nuevo Mundo —una travesía peligrosa, clima difícil, suelo en malas condiciones y hostilidad de la gente nativa a los extranjeros— no era exactamente un paraíso. La mayoría de las personas que salieron de Londres eran marineros, solteros, aventureros, granjeros, desempleados, y algunos **convictos**.

¿POR QUÉ INGLATERRA FOMENTABA LA EMIGRACIÓN?

En los años 1600, Inglaterra estaba superpoblada, con limitadas oportunidades para la gente que no era de clase alta. Una solución fue convencer a la gente pobre de que zarpara rumbo a América. Los comerciantes esperaban vender sus bienes de lana en las regiones de clima frío de Norteamérica y cultivar olivos y parras donde el clima era cálido. Inglaterra también tenía un interés religioso. Quería limitar la influencia católica de países como España y Francia en el Nuevo Mundo. Finalmente, Inglaterra esperaba que existiera en Norteamérica grandes cantidades de oro y plata como en México y en Perú.

El primer intento inglés de colonizar el Nuevo Mundo ocurrió aún antes de 1600. En 1585, Sir Walter Raleigh envió aproximadamente cien hombres a la Isla Roanoke en "Virginia", frente a la costa de la actual Carolina del Norte. Raleigh

Sir Walter Raleigh (1552-1618)

y otros la habían nombrado así en honor de la "reina virgen" de Inglaterra, Elizabeth I. Al año siguiente, Sir Francis Drake, un "lobo de mar", al regreso de un ataque contra barcos españoles en las Antillas Occidentales, se detuvo en Roanoke y se encontró con que los pobladores que quedaban estaban a punto de rendirse. A muchos colonos los habían matado los nativos, o se habían muerto de hambre o de enfermedades como el paludismo y la disentería. Drake se llevó a los sobrevivientes a Inglaterra y otro barco dejó 15 hombres en la colonia para defenderla.

Pero Raleigh estaba decidido a colonizar el Nuevo Mundo y en 1587, envió en tres barcos cerca de 120 colonos, incluyendo 17 mujeres, a Roanoke. El líder era John White. Venían también su hija, Elenora y su esposo. A los pocos meses, les nació una niña, la primera bebé inglesa que nació en Norteamérica.

Desafortunadamente, Inglaterra estaba en guerra con España y necesitaba todos sus recursos para acabar con la armada española. Inglaterra se desentendió de la colonia hasta 1590. Cuando llegaron más barcos a Roanoke, no encontraron ni un alma. Quedaban solo unas armaduras, hierro oxidado, mapas y las ruinas de las construcciones junto con la palabra "Croatoan" grabada en un árbol. Los marineros pensaron

Sir Francis Drake (1540-1596)

LOBOS DE MAR

A mediados del siglo XVI, varios "lobos de mar" —hombres dedicados a pelear, a navegar, a la aventura y al comercio— se hicieron famosos en Inglaterra. Entre ellos estaban Francis Drake y Walter Raleigh. Con el tiempo, a muchos de los lobos de mar, la reina de Inglaterra les concedió el título de "Sir" (Caballero).

que si existían sobrevivientes, se habrían encaminado a la isla Croatoan, a 100 millas (160 km) al sur de las Carolinas. Hasta el día de hoy su destino es aún un misterio. Se dice que Sir Walter Raleigh perdió 40,000 libras inglesas (aproximadamente cuatro millones en la moneda actual) en el desventurado asentamiento de Roanoke.

Elenora (1563-1599) y Virginia Dare (1587- se desconoce el año de su muerte)

Los restos de la torre de una iglesia en el asentamiento de Jamestown es hoy un sitio histórico de Jamestown.

Pasaron 16 años antes de que Inglaterra estuviera lista para intentarlo de nuevo. El 20 de diciembre de 1606, tres barcos pequeños, el Susan Constant, el Godspeed y el Discovery levantaron vela en Londres. Se apiñaron 144 personas en los tres barcos bajo los auspicios de la Compañía Virginia de Londres. Llegaron a la bahía de Chesapeake, en la costa Atlántica de lo que es hoy Virginia, después de cuatro meses en alta mar. Los barcos navegaron unas 60 millas (97 km) río arriba por un río que desembocaba en la bahía. Los viajeros lo nombraron el río James, por el rey James I de Inglaterra. Armaron carpas y nombraron su asentamiento Jamestown, el primer asentamiento inglés permanente en el Nuevo Mundo.

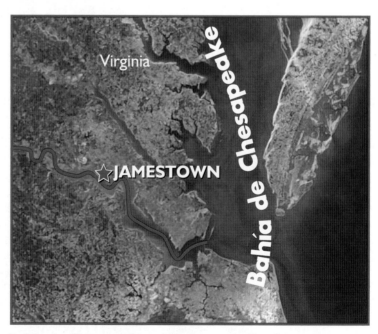

Bahía de Chesapeake; el río James indicado en rojo.

Al igual que los pioneros de Roanoke, los pioneros de Jamestown sufrieron grandes calamidades. De los 144 que zarparon de Inglaterra, solo 105 llegaron con vida. **Desembarcaron** el 14 de mayo de 1607 y a los 12 días tuvieron su primera batalla contra los nativos americanos. Se equivocaron al construir el fuerte, la iglesia y sus casas en un área baja y pantanosa, por lo que muchos de

John Smith (1580-1631)

ellos se enfermaron. Además de las enfermedades, tuvieron que enfrentar el hambre y el trabajo duro. El capitán, **John Smith**, primer líder de la colonia, insistió en que todos tenían que compartir el trabajo duro. Dijo: "El que no trabaja, no come". En menos de dos años, quedaban con vida solamente 60 personas.

LA COLONIZACIÓN COMO INVERSIÓN

Al igual que otros países, Inglaterra carecía de recursos para establecer y mantener colonias. La realeza les otorgó encomiendas a compañías privadas para que establecieran asentamientos, primero en Virginia y después en Nueva Inglaterra. El mayor interés de los inversionistas era el comercio de pieles y cueros. Pagaban los gastos para establecer la colonia comprando acciones en la compañía a 12 libras (unos $62 en oro) por acción.

Los sobrevivientes estaban a punto de abandonar Jamestown cuando llegó un nuevo barco con cientos de hombres y un nuevo líder, Lord de la Warr. Ambos, él y su sucesor, Sir Thomas Dale, impusieron una disciplina severa al estilo militar. Los colonos no tenían esperanzas de ser dueños de sus propios terrenos porque trabajaban para el beneficio de los accionistas en Londres. En 1612, la única cosecha que producía dinero era la madera de cedro. Sin embargo, en 1613, comenzaron un nuevo cultivo que cambiaría el destino de la colonia: el tabaco.

En 1616, Pocahontas y su esposo, el colono de Jamestown, John Rolfe, visitaron Inglaterra como parte del esfuerzo de la Compañía de Virginia de recaudar fondos para ampliar sus colonias en América del Norte.

Un colono de Jamestown, John Rolfe, es famoso por dos hechos: salvó a Jamestown al introducir el tabaco en la colonia, y se casó con una joven powhatan llamada Pocahontas. Rolfe trajo semillas de un tabaco suave de las Antillas Occidentales, las cruzó con semillas nativas y produjo una mejor variedad de tabaco para fumar. El tabaco de Virginia fue un éxito inmediato entre los comerciantes, los tenderos y los consumidores ingleses. En el año 1618, Virginia estaba exportando a Inglaterra 50,000 libras (22,700 kg) de tabaco al año. A pesar de que el rey James afirmó que el tabaco no era saludable, no prohibió su importación. La Compañía de Virginia convenció al **Parlamento** inglés de que solo el tabaco podría salvar a Jamestown del desastre

El éxito de Jamestown también se debió a un cambio legal que permitió que los colonos pudieran adquirir terreno. Después de siete años de trabajo, un hombre podía ser **granjero arrendatario**; después de otros 10 años, la tierra que trabajaba podía ser suya. Cientos de campesinos aprovecharon esta oportunidad y llegaron a ser dueños de sus plantaciones. Además, llegaron más mujeres a la colonia. Por 150 libras (68 kg) de tabaco de primera clase, la Compañía de Virginia le mandaba una mujer soltera a cualquier dueño de plantación que quisiera esposa. La creación de familias les dio a los colonos más razón para quedarse.

Capítulo 4

La separación de los puritanos

Durante el siglo XVI, Inglaterra experimentó conflictos relgiosos producto de un movimiento cristiano llamado la **Reforma**. Alguna gente criticaba la doctrina oficial de la Iglesia y quería separarse completamente de ella. Se hicieron llamar los "puritanos", porque querían una línea directa o "pura" entre cada individuo y Dios, sin ritos, santos, papas u otros **intermediarios**.

La mayor preocupación en la vida de los puritanos era hacer la voluntad de Dios para así recibir felicidad futura.

En 1608, unos puritanos ingleses huyeron a Leyden, Holanda, donde se les concedió **asilo**. En 1620, un grupo de puritanos de Leyden encabezado por William Brewster recibió un **otorgamiento de tierra** de la Compañía de Virginia, lo que les permitió unirse con otros que zarpaban para Norteamérica. Acordaron ser sirvientes bajo contrato de inversores de Londres por cierto número de años.

El 16 de septiembre de 1620, 102 hombres, mujeres y niños se embarcaron en Plymouth, Inglaterra, en el Mayflower en dirección a Virginia. Menos de la mitad eran puritanos. Los demás eran aventureros u otros que querían salir de Inglaterra. Casi 180 años después, los historiadores los nombraron "los peregrinos".

Se divisa tierra desde el Mayflower.

Los peregrinos firman el Convenio del Mayflower a bordo del barco, en 1620, con el fin de establecer una sociedad civil.

Una tempestad desvió el barco hacia el norte y, el 19 de noviembre, desembarcaron cerca de lo que es hoy Provincetown en Cape Cod. Creyendo que estaban fuera de los dominios de la Compañía de Virginia y de la corona, redactaron un acuerdo formal llamado el Convenio del Mayflower. Acordaron atenerse a cualquier ley "justa y equitativa" que su gobierno aprobara y de tener el derecho de escoger sus propios gobernantes.

Navegaron un poco más y el 21 de diciembre llegaron a un lugar que el capitán John Smith nombró Plymouth, en lo que es hoy Massachusetts. Durante el primer invierno murió casi la mitad del grupo por las enfermedades y el clima pero, aun así decidieron quedarse. La tribu wampanoag los ayudaron y les enseñaron a sembrar maíz (elote). Al siguiente año, los peregrinos habían logrado una buena cosecha de maíz y tenían pieles y madera para vender. Entre los primeros dirigentes de la colonia estuvieron John Carver, John Alden y William Bradford, quien fue el gobernador de la misma por más de treinta años.

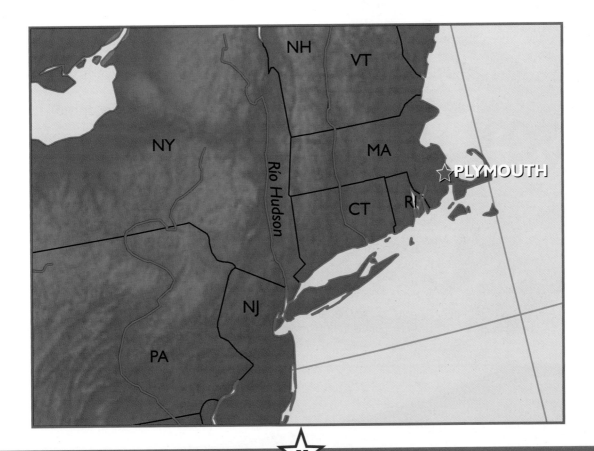

SQUANTO

Los peregrinos habían planeado cultivar trigo en su nueva colonia, pero este no crecía en el terreno rocoso de Nueva Inglaterra. Un miembro de la tribu wampanoag llamado Tisquantum o Squanto, les enseñó a sembrar el maíz. Había viajado a Inglaterra años antes y había aprendido inglés. Después de algunos meses de haber llegado, Squanto y su amigo, Samoset, sorprendieron a los peregrinos al decirles "Bienvenidos" en inglés. Squanto se quedó con ellos por unos meses y les llevó carne de venado y pieles de castor. Los familiarizó con la flora local, les enseñó cómo encontrar almejas, a usar pescado como fertilizante y cientos de otras destrezas de supervivencia.

Squanto ayudando a un poblador a sobrevivir en una tierra desconocida

Si no hubiera sido por la gran **emi-gración** religiosa de Inglaterra en la década de 1630, las colonias no hubieran crecido. A ellas arribaron cerca de 1000 inmigrantes, la mayoría puritanos, a bordo de 15 barcos en 1630. Los encabezaba John Winthrop y tenía dinero otorgado por Carlos I para establecer la Colonia Bahía de Massachusetts, primero donde es hoy Salem, Massachusetts, y después en Boston. A mediados

Placa en memoria de la fundación de la Colonia de la Bahía de Massachusetts

del siglo XVII más de 15,000 puritanos habían llegado a Norteamérica desde Inglaterra en busca de libertad religiosa y oportunidades económicas.

Los puritanos mantuvieron amistad con comerciantes de Inglaterra que les proporcionaron crédito para comprar abastecimientos. En cambio, ellos producían pescado seco, ganado y maíz. Cuando el apoyo inglés disminuyó en 1637 por problemas políticos, los colonos fueron capaces de autoabastecerse. Empezaron una industria de construcción naval y vendieron productos como carne salada y pescado seco a las Antillas Occidentales, el dinero que obtenían lo usaban para comprar abastecimientos en Inglaterra. Este comercio sostuvo a Nueva Inglaterra por muchos años. En 1684, la Colonia Bahía de Massachusetts se encontraba bajo el dominio de Gran Bretaña, y en 1691 se unió a Plymouth y a Maine (entonces parte de Massachusetts).

Debido al éxito inicial de estos asentamientos, otras colonias inglesas comenzaron a formarse. En 1632, Lord Baltimore fundó Maryland (después llamada Baltimore) por los católicos romanos. En 1636, Roger Williams y Anne Hutchinson fueron expulsados de Massachusetts por ser demasiado liberales y, con algunos otros fundaron Rhode Island. New Haven (el futuro Connecticut) fue fundado en 1639.

A mitad del siglo XVII, pequeños grupos de colonos también estaban viviendo en los actuales estados de New Hampshire y Carolina del Norte. Un asentamiento de Carolina del Sur que fue fundado en 1670 se convirtió en Charles Town (Pueblo de Charles). Lo que es hoy en día Charleston, en Carolina del Sur. En 1733, las 13 colonias originales estaban establecidas, formando el núcleo de lo que llegaría a ser los Estados Unidos de América.

El área anaranjada indica las 13 colonias originales.

Capítulo 5

Se siembran las semillas de la democracia

En julio de 1619, la primera reunión de un gobierno representativo de Norteamérica tuvo lugar en Jamestown. Para animar a los colonos a que no abandonaran la lucha y se quedaran en la colonia, la Compañía de Virginia les permitió cierto grado de autogobierno. El resultado fue la Asamblea de colonos *House of Burgesses*. La compañía designó a un gobernador que luego formó un ayuntamiento de seis. Quince representantes (burguesses) de distintos distritos completaron el resto de la asamblea general. Al principio, estos fueron dueños de tierras de grandes plantaciones. Los únicos que tenían derecho a votar eran los hombres libres mayores de 17 años.

Discurso de Patrick Henry ante la House of Burgesses.

La colonia de Massachusetts también dio importantes pasos hacia la democracia. Estableció una declaración de derechos individuales que llegó a ser la base para la Declaración de Derechos de la Constitución de EE. UU. Los "Fundamentos Generales" de la colonia de Plymouth establecían convocar a elecciones anuales y especificaban que cualquier persona acusada de algún crimen debía ser llevada ante un jurado. Además, a ningún colono se le cobraría impuestos sin tener representación en el gobierno. El "Cuerpo de Libertades", adoptado en 1641, también establecía que a nadie se le podía obligar a incriminarse a sí mismo y que nadie podía ser privado de su vida, libertad o propiedad, sin el debido procesamiento de la ley.

Estas "semillas de la democracia" brotaron de las promesas de Inglaterra a los colonos en combinación con la rectitud de la religión que trajeron con ellos. La primera **carta constitutiva** de la Compañía de Virginia de 1606 les aseguró a los colonos y a sus descendientes "todas las libertades… como si hubieran estado habitando y hubieran nacido en este nuestro reino de Inglaterra". Tales libertades eran el juicio por jurado y el derecho a opinar sobre los impuestos. Los colonos, finalmente, ampliaron esas libertades hasta crear una forma de gobierno más democrática que no existía en Europa en aquel entonces.

Aquellos que un día zarparon para Norteamérica eran por lo general seres individualistas que esperaban encontrar un desierto incivilizado sin leyes, instituciones, o incluso sin el apoyo de la madre patria. Ellos estaban dispuestos a formar su propio gobierno y crear sus propias leyes. Los puritanos llegaron con un intenso deseo de libertad religiosa. Sin embargo, la mayoría de las colonias no hacían lo que predicaban. Su idea de **tolerancia** hacia otras creencias era **radical**. De todos los fundadores de Nueva Inglaterra, solo Roger Williams, Lord Baltimore y William Penn hicieron llamados públicos hacia la tolerancia religiosa. Más tarde, en el siglo XVIII, había tantas iglesias diferentes que la tolerancia llegó a ser más aceptada.

El Nuevo Mundo fue un lugar donde muchas culturas distintas compitieron y se enfrentaron. Los acuerdos a veces tenían éxito y otras veces fracasaban. A medida que los primeros colonos se establecían y llegaban más inmigrantes europeos, el crecimiento del país avanzó de manera constante hacia el oeste, hacia la puesta del sol.

EDUCACIÓN GRATUITA

Una de las contribuciones duraderas que aportó Nueva Inglaterra a Estados Unidos fue la educación gratuita. En 1642, se exigía que los padres de familia enseñaran a sus hijos a leer y a escribir. En 1647 cada asentamiento con más de 50 familias debía designar un maestro para enseñar gramática y literatura en latín y en griego, y aritmética. Cuatro de estas escuelas, *Boston Latin, Cambridge Latin, Roxbury Latin* y *Hopkins Grammar School of New Haven*, existen aún hoy como escuelas secundarias.

Biografías

Muchas personas jugaron un papel importante durante este período de tiempo. Aprende más sobre ellos en esta sección.

Cabot, John (Giovanni Caboto, 1450-1498) Navegante italiano al servicio de Enrique VII de Inglaterra. Reclamó para Inglaterra los territorios de Norteamérica que exploró.

Menéndez de Avilés, Pedro (1519-1574) Explorador español que estableció el asentamiento de San Agustín, Florida (1565). Fue el primer gobernador español de la Florida.

Drake, Francis (1540-1596) - Marinero inglés y pirata que asaltó varios barcos y colonias españolas del Caribe.

Brewster, William (1567-1644) - Líder religioso puritano y dirigente de la Colonia de Plymouth. Firmó el Convenio del Mayflower.

Champlain, Samuel de (1567-1635) Explorador francés, fundador de Nueva Francia (Canadá) y Québec (1608).

Smith, John (1580-1631) - Soldado y líder colonial inglés. Primer dirigente de la colonia Jamestown. Exploró la costa de Nueva Inglaterra y nombró la región.

Rolfe, John (1585-1622) - Colono inglés, primero en cultivar el tabaco en Jamestown.

Bradford, William (1590-1657) - Gobernador colonial. Firmó el Convenio del Mayflower. Su *Historia de la Plantación de Plymouth 1620-46*, es la base de todas ls crónicas de la Colonia de Plymouth.

Samoset (1590-1653) - Nativo mohegan (mohicano) que sabía hablar un poco de inglés y sorprendió a los peregrinos al decirles "Bienvenidos" en inglés.

Squanto (murió en 1622) - Nativo pawtuxet de Massachusetts, sirvió de intérprete de los peregrinos de la Colonia de Plymouth y los ayudó a sobrevivir.

Hutchinson, Anne (1591-1643) - Colona y dirigente religiosa inglesa. Expulsada de la Colonia Bahía de Massachusetts por sus opiniones, ayudó a colonizar Portsmouth, Rhode Island.

Pocahontas (1595-1617) - Hija del jefe de los powhatan y esposa de John Rolfe, colono de Jamestown.

La Salle, René-Robert Cavelier, Sieur de (1643-1687) - Explorador francés en Norteamérica. El primero en explorar el Mississippi hasta su desembocadura; reclamó el territorio para Luis XIV de Francia.

Penn, William (1644-1718) - Fundador de Pennsylvania. Se convirtió en cuáquero en 1666 y fue encarcelado varias veces por sus creencias religiosas. Fue el diseñador de la ciudad de Filadelfia.

Línea cronológica

1497
John Cabot o Giovanni Caboto navega a lo largo de la costa de Canadá y reclama para Inglaterra el noroeste de Norteamérica.

1524
Francia envía a Giovanni da Verrazano a explorar las costas del actual Canadá, reclamando ese territorio de Norteamérica para Francia.

1585-1587
Sir Walter Raleigh intenta colonizar la Isla de Roanoke, en Virginia.

1598
Jacques Cartier explora el río San Lorenzo hasta lo que son hoy Québec y Montreal.

1608
El navegante francés, Samuel Champlain establece un puesto de comercio en Québec.

1614
Se establece el primer asentamiento holandés, Fort Nassau, cerca de lo que es hoy Albany, Nueva York.

1620
El *Mayflower* llega a lo que es hoy Plymouth, Massachusetts.

1630
La primera oleada de miles de colonos puritanos llega y establece la Colonia Bahía de Massachusetts.

1733
Se han formado las 13 colonias norteamericanas originales.

1513
El explorador español Juan Ponce de León llega al continente de Norteamérica y lo llama "Florida".

1565
Se establece en San Agustín el asentamiento permanente de europeos más antiguo de los Estados Unidos.

1590
Barcos que llegan para ayudar encuentran que todos los colonos de Roanoke han desaparecido.

1607
El *Susan Constant*, *Godspeed* y el *Discovery* traen a los primeros colonos a Jamestown.

1613
John Rolfe salva Jamestown al introducir un nuevo tipo de tabaco.

1619
Los holandeses traen el primer barco negrero al continente norteamericano.

1626
Los primeros colonos holandeses llegan a la actual isla de Manhattan. Peter Minuit intercambia la isla con los nativos americanos por mercancías con valor de 60 florines (unos $24 dólares).

1664
Stuyvesant entrega Nueva Holanda a Inglaterra y su nombre cambia a "Nueva York".

Exploración imperial, 1400-1700

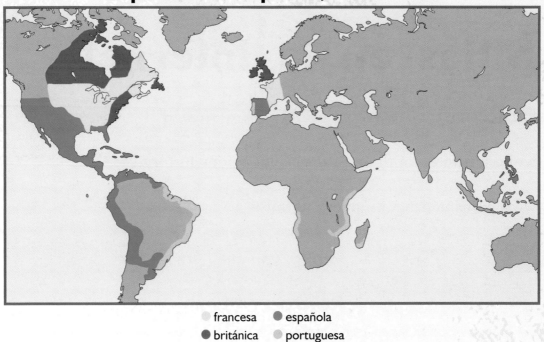

francesa ● española
● británica portuguesa

Asentamiento colonial en Norteamérica en 1750

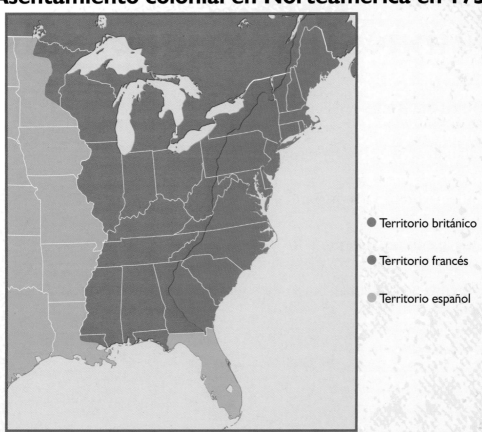

● Territorio británico

● Territorio francés

● Territorio español

Sitios en la internet

larryferlazzo.com/geography.html

www.cliffsnotes.com/more-subjects/history/us-history-i

www.humanjourney.us/america.html

Demuestra lo que sabes

1. ¿Quién fue Ponce de León?

2. ¿Cuándo arrivó el *Mayflower* a Plymouth?

3. ¿Quiénes fueron los puritanos?

4. ¿Qué le enseñó Squanto a los peregrinos?

5. ¿Quién trajo el primer barco de esclavos al continente de América del Norte?

Glosario

anexar: agregar o añadir un territorio que ha sido conquistado u ocupado

Antillas Occidentales: nombre para designar a las islas del Caribe

asilo: lugar de refugio y protección

convicto: persona a la que han declarado culpable de algún delito

carta constitutiva: concesión o garantía que otorga un país o estado

emigración: movimiento de una persona o grupo para establecerse en el extranjero

fragata: barco liviano de vela impulsado por el viento; buque de guerra pequeño

incriminar: acusar o atribuir a alguien un delito; presentar pruebas de participación en un delito

intermediario: alguien que intercede o interviene conciliadoramente; agente

jurado: cuerpo de personas que han prometido dar un veredicto según las pruebas que se presenten

muchedumbres: multitud o gentío

otorgramiento de tierra: traspaso de terreno por el gobierno a otra parte

Parlamento: cámara legislativa de Inglaterra

radical: con tendencias extremas, por ejemplo en la política, el deseo de hacer cambios extremos en los puntos de vista o instituciones

Reforma: cambio mayor en el cristianismo de Europa Occidental que se desarrolló entre los siglos XIV y XVII. Tenía que ver con alejarse de la Iglesia católica romana

seriamente: de manera decidida y resuelta

tolerancia: permitir; aceptar. Por ejemplo, aceptar otras creencias, puntos de vista y formas de pensar

Índice

Alden, John   35

Baltimore, Lord   38, 41

Bradford, William   35

Brewster, Willliam   33

Cabot, John   13

Canadá   13, 15, 16

Cartier, Jacques   15

Carver, John   35

Champlain, Samuel de   16

Charles I   37

Charles II   21, 22, 38

Charles Towne   38

Colón, Cristóbal   5, 7

Colonia Bahía de Massachusetts   37

Colonia Plymouth   40

Compañia de Virginia   28, 31, 33, 34, 39, 40

Dale, Thomas   30

Dare, Virginia   26

De la Warr, Lord   30

De León, Juan Ponce   9

Drake, Francis   25, 26

Duke of York, James Stuart   21

Elizabeth I   25

Eriksson, Leif   6

Española   7, 8, 9

Felipe II   11

House of Burgesses   39

Hudson, Henry   17

Hutchinson, Anne   38

James I   28

Jamestown   18, 28, 29, 30, 31, 38

Jefferson, Thomas   4

Manhattan   19

Mayflower   33

Menéndez de Avilés, Pedro   11

Minuit, Peter   19

nativos americanos   6, 11, 19, 21, 25, 29, 35

Nueva Ámsterdam   12, 19, 20, 22

Nueva Francia   12, 16

Nueva Holanda (Países Bajos)   17, 21

Nueva Inglaterra   12, 29, 36, 37, 41

Nueva Suecia   21

Nueva York   17, 22

Penn, William   22, 41

peregrinos   33, 35, 36

Pocahontas   31

Polo, Marco   6

puritanos   32, 33, 37, 41

Raleigh, Walter   25, 26, 27

Reforma   32

Roanoke   25, 26, 27, 29

Rolfe, John   31

San Agustín   11

Smith, John   29, 35

Squanto   36

Stuyvesant, Peter   20, 21

tabaco   30, 31

Verrazano, Giovanni da   15

vikingos   6

Wall Street   20

White, John   26

Williams, Roger   38, 41

Winthrop, John   37